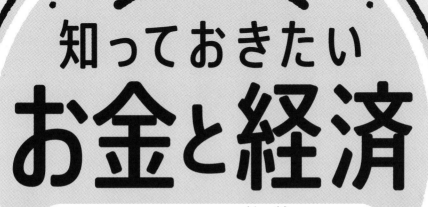

知っておきたい お金と経済

お金の役割と金融機関

1

監修：泉 美智子

はじめに

　やがて社会人になると、みなさんは「世帯」をかまえます。世帯のお金の出入りを「家計」といいます。「働き」の報酬として「所得」を受け取り、所得の一部は公共サービスへの対価として、国や地方公共団体に税金や社会保険料をおさめます。手元に残る所得を「可処分所得」といい、食材費や家賃、衣服や雑貨の購入費、電車やバスの料金、その他の支払いなど、可処分所得の範囲内で「消費」します。可処分所得から消費を引き算した金額が「貯蓄」です。貯蓄がマイナスなら、預金をおろすか借金をしておぎないます。貯蓄がプラスなら、銀行に預ける、手元におく、ほかの金融商品を買うなどします。

　銀行に定期預金をしたり、株式などに投資したりしたお金は、企業に融資されます。融資の対価として、定期預金の場合は「利子」が、株式の場合は「配当金」が、あなたに支払われます。お金は経済の血液だといわれますが、以上のような循環をくりかえしているのです。

　血液の循環がとどこおれば人の命にかかわるように、お金の循環がとどこおると不景気になり、所得が減少します。お金の循環をできるかぎりスムースにし、モノやサービスの価格を安定させ、所得をふやすにはどうすればよいのかを教えてくれるのが金融・経済の仕組みです。

　本書では、みなさんが社会に出て自立するために必要なお金と経済の基礎知識を、図解やイラストなどを使ってわかりやすくまとめました。正しい知識を身につけて、将来の夢をかなえ、ゆたかな人生を送ろうと努力するみなさんを、監修者として心から応援しています。

子どもの環境・経済教育研究室
代表　泉　美智子

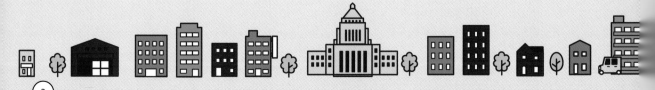

もくじ

 マンガ フリマアプリへの出品では、どうやって価格を決めるの？ ……… 5

第2章 金融機関の役割、株式会社の仕組み

マンガ
フリマアプリへの出品では、どうやって価格（かかく）を決めるの？

え〜〜っ!?

2000円！
臨時収入（りんじしゅうにゅう）!?
秒で!?

ミレイ（中3）

そうなんだ！
フリマアプリ
でね

いらない
フィギュア
売ったの♡

フリマアプリ
やってるんだ…

楽しいよ！
ミレイもやれば？

2000円って
わたしのおこづかい
1か月分だよ…

そんな
かんたんに
売れるんだ

ぶ〜

…ってわけで

ママの許可（きょか）をもらって
フリマアプリに
登録しました〜！

さぁ、なにを
出品しようかな…

これにする〜！

じゃあ…
価格は
2500円に
しよう！

おねえちゃん
そんなの
売れるの？

ボソッ

マサキ(小6)

もちろん
ソッコー
売れちゃう
からっ‼

ギラーン

かわいい！　木のおもちゃ
¥2,500 (税込)

1週間後…

ドヨ〜ン

かわいい！　木のおもちゃ
¥2,500 (税込)

う…売れない…
なんでだろ⁉
価格が高かった？
この写真が
よくなかった？

やっぱり…

ねえ、ミレイ、
ママもバッグを
出品していいか
な？

この形も色も、
好みじゃないん
だよね〜

パパからの
プレゼント
だったんだけど

はい、
5万円も
しました

未使用できれいだけど
15年も前のものだからね…
いくらで出品したら
いいかな？

5000円で
いいんじゃない？

そうね、売れたら
手数料として
ミレイに2割
あげるからね！

ホント⁉

5000円の2割（わり）ってことは1000円…!?

やった！はりきって売るよ〜！

ママのバッグを出品すると…

ソッコーで売れちゃいました〜！

わーいやった〜!!

あとはコンビニから発送するだけ。カンタン！

いいな〜1000円ももらって

ん…あれっ？そんな…

こ、これ見てよっ!!

ん〜〜なに？

え——っ？まさか…！

ウソでしょ〜？

¥80,000
売却済み

同じバッグが8万円で売れてる!?

すっごくソンした気分なんだけど、どういうこと？

しかたないじゃん！その価格（かかく）で売りたい人と買いたい人がいて、取引が成立したんだから

それはそう
だけど…

このバッグ、
パパが5万円で
買ったものだよ!?

8万円で売れる
なんて、
ありなの〜!?

ふむふむ……
そういうことかぁ

このバッグは
販売が終了してから
人気が出たらしいよ。
出品数も少ないし、
レアものだった
みたいね!

人気の超レアバッグ

フリマアプリで即ゲット!

プレミアがついているから、
もっと高い値段で
強気に出品してる人も
いるみたいだよ

10万円で
売ってる人も
いる!

そ……

そんな…悲しい

……

今回は
完全にリサーチ
不足だった

めっちゃ
リベンジしたい気分
ぜったいに高値で
売ってやる〜!!

ねーっ
ママー!!

売るバッグって
ほかにないの〜!?

シューズでも
服でもいいから〜

えーっ、そんなこと
言われてもね〜

木のおもちゃ、
まだ売れて
ないのに!

第1章

お金でつながる
経済・金融・企業

生産・消費と経済活動

財やサービス、人の集まりは経済でつながっている

経済って、どういうこと?

わたしたちは、毎日の生活のなかで、お金を使って商品を購入しています。商品のうち、食品や日用品といった「形のあるもの」を財といい、バスや電車に乗ったり、病院で診察を受けたりするような「形のないもの」をサービス[※1]といいます。わたしたちは、これらの財を購入したり、サービスを利用したりする消費をとおして生活しています。

一方で、財やサービスは、農家が田畑で農作物をつくったり、企業が工場で機械を製造したり、レストランがお客さんに料理を提供したりする生産をとおしてうまれます。財やサービスの消費をおこなう人を消費者といい、生産をお

こなう人や企業→p23を生産者といいます。

生産と消費、生産者と消費者は、お金という対価を支払って商品を手に入れること、つまり商品とお金のやりとりによってつながっています。こういった生産から消費にいたる活動をとおして、生活をゆたかにする仕組みを経済といいます。

経済活動では、財やサービスとお金を交換しあうことで、かかわった人たちが利益をあげます。利益は、入ってきたお金から、かかった経費（費用）を差し引いたものです。

※1　人の役に立つことや何かを提供するなどの目に見えない行為。このサービスは無料や値引きという意味ではない。

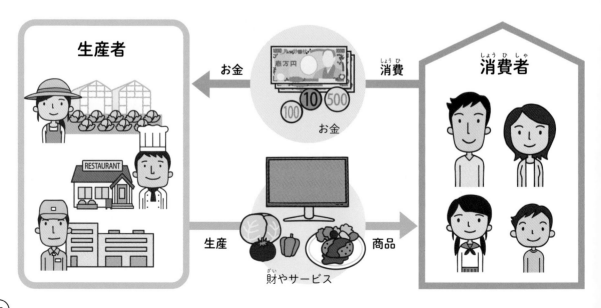

生産者　お金　消費　消費者

お金　生産　財やサービス　商品

家計って、お金のやりくりのこと？

消費者として経済にかかわっている単位に家庭があります。家庭は、1人のこともあれば、数人で構成されていることもあります。家庭におけるお金のやりくりを家計といいます。家計は、家庭の経済活動であって、お金が入ってくる収入と、消費することなどによってお金が出ていく支出で成り立っています。

家計の収入は、おもに会社員や公務員の給料や、商店や農家の利益などです。収入から必要な経費などを差し引いたものを所得といいます。また、所得から税金や社会保険料などを差し引いた使えるお金を可処分所得といいます。

支出のうち、生活をいとなむために必要なものを消費支出といい、一般には生活費ともいいます。消費支出以外の税金や社会保険料などの支出を非消費支出といいます。

収入から、消費支出と非消費支出を差し引いた残りを貯蓄といいます。家計では、収入をすべて使わずに、将来のために貯蓄としてたくわえておきます。このお金は、住宅や自動車の購入、子どもの教育、老後の生活など、さまざまな目的のために役立てられます。貯蓄は、銀行への預金のほか、株式や債券、保険、土地などの財産にして残しておきます。

家計に入ってくるお金の分類

家計から出ていくお金の分類

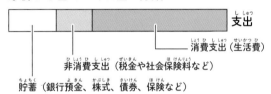

経済活動をおこなっている主体とは？

経済活動では、家計・企業・政府という3つの経済主体が結びつき、商品（財やサービス）とお金が、交換という手段をへて流れています。

企業は、労働者をやとって商品を生産し、それを販売して利益をえています。商品を購入するのは家計や政府などです。企業は、労働の対価として労働者に賃金を支払い、それが家計の収入になります。政府は、家計や企業に公共サービスを提供して、それぞれから税金を受け取っています。これら3つの経済主体は、商品や労働、公共サービスなどと、お金との交換をとおして、密接につながっているのです。

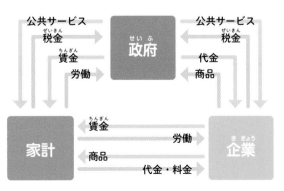

商品の流通と商業

商品は流通業や商業などをとおして流れている

野菜は、どうやって消費者へとどく?

生産者である農家で栽培された農作物（野菜など）が、どのようにして消費者までとどくのか見ていきましょう。

野菜のような生鮮食品の場合、生産地から青果市場にはこばれ、卸売業者や仲卸業者をへて小売業者に売られ、さらにその小売業者の店で売られたものを消費者が購入します。

消費者が商品を手に入れるとき、多くの場合は、商店やスーパーマーケットなどの小売業者から購入します。生産者や小売店などが開設したショッピングサイトをつうじて直接、商品を購入することもあります。

財である商品が生産者の手をはなれ、卸売業者や小売業者などをへて、消費者にとどくまでの一連の流れを流通といいます。また、流通にかかわる業種を流通業とよびます。

流通業には、消費者に直接、商品を販売する小売業（商店・スーパーなど）や、生産者と小売業をつなぐ卸売業などがあります。これら流通を専門におこない、商品の売買で利益をあげる業種を商業といいます。また、商品を倉庫に保管する倉庫業、商品をはこんで消費者などにとどける運送業も流通に関連する業種です。ただし、流通業は多様化しているため、さまざまなルートで商品は流れていきます。

倉庫業　運送業

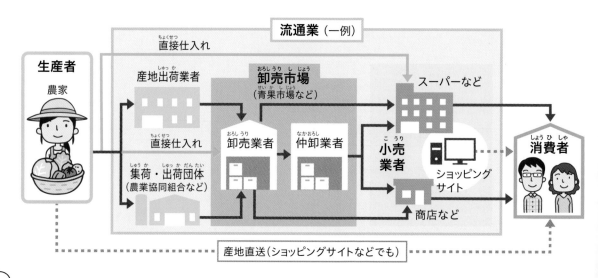

流通業（一例）

直接仕入れ

生産者
農家

産地出荷業者

卸売市場
（青果市場など）

スーパーなど

直接仕入れ　卸売業者　仲卸業者

集荷・出荷団体
（農業協同組合など）

小売業者

ショッピングサイト

消費者

商店など

産地直送（ショッピングサイトなどでも）

商業の役割って、どういうこと?

工業製品の場合も同様に、製造業者と小売業者のあいだに問屋などの卸売業者が入り、製造業者から商品を仕入れ、小売業者に販売することで利益をあげます。外国から輸入する商品の場合も、卸売業者の役割をはたす商社や輸入代理店などがあいだに入り、小売業者に販売しています。

農作物も工業製品も全国各地で生産されています。消費者も日本全国に住んでいます。そのため、消費者が商品を手に入れたいと思っても、どこでどの商品を生産しているのか、どこで購入できるのかなどを調べるのは手間も時間もかかり、現実的ではありません。

そこで重要な役割をはたしているのが商業です。たとえば、卸売業者は、全国各地の生産者の商品を仕入れ（買い入れ）によって集めます。つぎに、小売業者である商店やスーパーは、全国の卸売業者から商品を仕入れて販売します。そして、小売業者の店先に、その地域に住む消費者がやってきて商品を購入するわけです。このように、商業は、流通における手間や時間の節約に大きく貢献し、生産者と消費者をつなぐ役割をはたしているのです。

生産する側としても、商業が存在することでたすかることがあります。生産者は多くの場合、売れるのか売れないのか、だれが買ってくれるのか、わからない状況で生産しています。卸売業者が商品を仕入れてくれれば、そこで売上を確保できます。商品が消費者に売れると、小売業者は、その情報をもとに卸売業者へつぎの注文をだし、それが生産者へと伝わって、つぎの生産のために役立てられます。

このように、商業は商品（財）の流通をとおして、情報の流通もおこなっています。

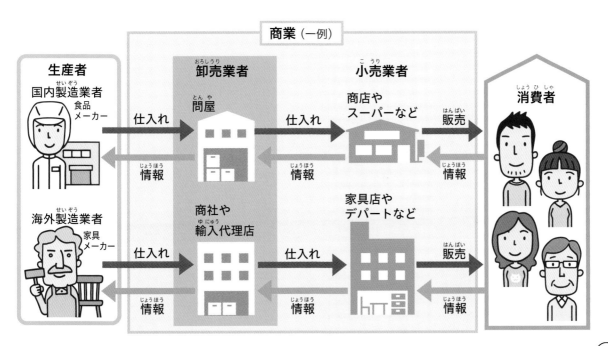

商業（一例）

生産者　国内製造業者　食品メーカー　→仕入れ→　卸売業者　問屋　→仕入れ→　小売業者　商店やスーパーなど　→販売→　消費者
　　　　　　　←情報←　　　　　　　　　　　←情報←　　　　　　　　　←情報←

海外製造業者　家具メーカー　→仕入れ→　商社や輸入代理店　→仕入れ→　家具店やデパートなど　→販売→
　　　　　　　←情報←　　　　　　　　　　　←情報←　　　　　　　　　←情報←

生産と流通、選択と消費

合理的に生産された商品を適切に消費する

生産から流通を合理化させるには？

財やサービスは、人の労働によってつくりだされます。農作物は、農家の労働によって育てられ、収穫されます。石油や石炭などの地下資源は、作業員の労働によって採掘され、燃料などの役立つものに加工されます。このように、人が労働をつうじて生活に必要な財やサービスをつくりあげることを生産といいます。

現代の経済において、生産はおもに企業によっておこなわれています。生産の分野では、工業だけでなく、農業でも企業による大規模生産がふえています。工場では、コンピューター制御の産業ロボットが、高速かつ精密に大量の製品をつくりあげます。田畑などの農地では、人工知能（AI）や情報通信技術（ICT）を利用

した自動運転トラクターや農業用ドローンを使って、効率的な生産をおこなっています。

流通の分野では、労力や費用をおさえるために合理化がすすめられています。多数の店舗をチェーン展開している企業であれば、生産者から商品の一括仕入れをする方法で、大規模な家電量販店やスーパーであれば、生産者から直接仕入れをする方法などで、費用を大きく削減させ、経営を効率的にすすめています。

また、流通では、在庫や販売のデータ管理、取引先や店舗との連絡などで、コンピューターやインターネットを活用して合理化をすすめ、人手不足の解消などにも取り組んでいます。

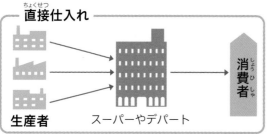

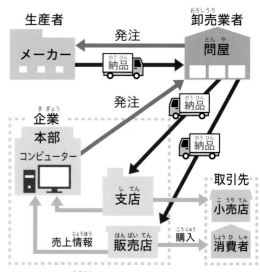

商品の発注や納品、売上や取引先の管理などで、コンピューターやインターネットが活用されている。

分業のよいところは？

自動車やパソコンなどは、1つの製品を、複数の人が手分けをし、いくつかの作業工程をへてつくられています。このように、1つの生産活動を複数の人でわけあっておこなうことを分業といいます。部品が多く、工程の多い製品の場合は、1人で担当するよりも、複数の人がそれぞれ得意とする部分を分担するほうが効率的です。

日本の産業が、農業や工業、流通業、運輸業など、いくつもの業種にわかれているのも、一種の分業といえます。運輸業のなかで、鉄道輸送、航空輸送、海上輸送などにわかれているのも分業といえるでしょう。

たとえば、洋菓子店では、ケーキの製造から販売まで、担当をわけて分業で運営されている。

買い物の判断をするときには？

わたしたち消費者は、たとえば、洋服を買おうとするとき、いくつかの商品を実際に試着してみて、着心地やデザイン、機能性、価格などの情報を判断材料にします。

家計で使えるお金はかぎられているので、その商品を買うべきかどうか、適切な選択にもとづいて、消費を判断する必要があります。インターネットのショッピングサイトは便利ですが、実際に商品を手にとれないことによるリスク（危険や危険が生じる可能性）を考慮しなければいけません。そのサイトの信頼性などもふくめて、適切な判断と選択が必要です。

消費は、多くの場合、財やサービスとお金（貨幣→p16）との交換によっておこなわれます。ただし、信用がなければ、交換は成立しません。にせものの商品かもしれないとか、ショッピングサイトがあやしいなどと感じたら、購入をやめるのも消費者としての適切な選択です。

考えよう！ 調べよう！

✓ インターネットショッピングの長所と短所を考えてみよう！

✓ 家にあるものが、どのように分業してつくられているか調べてみよう！

貨幣のはたらきと金融

金融・経済は貨幣が動かしている

お金のはたらきって、なんだろう？

消費においては、財やサービスとの交換にお金が使われます。そのうち、紙のお金を紙幣、金属のお金を硬貨とよび、あわせて貨幣（通貨）といいます。貨幣がなかった時代、人々はモノとモノをとりかえる物々交換という方法でほしいモノを手に入れていました。しかし、物々交換は、自分がほしいモノと、相手が提供したいモノが一致しないと成立しません。

貨幣の3つのはたらきを紹介しましょう。

まず、モノの価値を価格としてあらわす「価値の尺度」です。商品には、貨幣の単位による価格（値段）がつけられています。貨幣は、商品の価値を決めるものさしともいえるでしょう。

つぎに、モノと貨幣を交換できる「交換の手段」です。同じ価値の商品と同じ価値の貨幣が交換できるので、いつでも消費が成立します。あらゆる商品が貨幣を介して交換できるともいえるでしょう。

もう1つは、使わずにたくわえておける「価値の保存」です。貨幣は、家においていても、銀行に預けておいても、また、長期間保存していても、表面的な価値は変化しません。劣化させることなく、いつまでも富をたくわえておけるのです。

日本の貨幣には、政府が発行する硬貨と、日本銀行が発行する紙幣がある。

トレーディングカード
買い取り価格

ノーマル　200円
レア　　　1000円

100円で買ったカードは？

価値の尺度

ノーマル　レア
200円　　1000円

価値を金額であらわすことができる。

交換の手段

交換
交換

価値に相当する貨幣と交換できる。

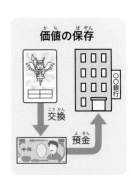

価値の保存

○○銀行

交換
預金

額面の価値のままで保存できる。

金融って、どういうこと？

物々交換では、おたがいがその場にいないと成立しませんが、貨幣を使えば、別の場所にいても、ちがう時間であっても消費が成立するので、あらゆるものを手に入れることができます。そのような貨幣のもつはたらきを利用し、貨幣をつうじて成り立っている経済を貨幣経済といいます。

貨幣にはすぐれたはたらきがありますが、店で商品を購入するとき、かならずしもお金を持参する必要はありません。たとえば、家電量販店で20万円のパソコンがほしくなったとします。もし、手持ちのお金が8万円しかないとしたら、通常は購入できません。しかし、お金を借りることができれば、そのパソコンを購入でき、消費が成立します。

個人の場合、土地や住宅などの高額の商品を購入するときには、ローンなどの契約※1を結んでお金を借りるのが一般的です。また、企業の場合、運転資金が必要になったときには、銀行などの金融機関からお金を借りるのが一般的です。お金の貸し借りは、お金が不足していて借りたいと思っている側と、お金に余裕があって貸したいと思っている側とのあいだで成立します。このようなお金を融通する仕組みを金融といいます。

金融には、おもに間接金融と直接金融という2つの方法があります。銀行などは、預金者である家計や企業からお金を預かり、それを借りたい（調達したい）側である家計や企業に貸し出しています。銀行をとおして間接的に貸し借りをするので、このような金融方法を間接金融といいます。一方、借りたい側の企業などが、家計や企業から直接、お金を借りる金融方法を直接金融といいます。直接金融では、借りたい側が社債や株式を発行し、それをもとに家計や企業から資金を借ります。

企業が活動するためには多額の資金が必要ですが、一時的に不足することもよくあります。金融は、家計から貯蓄を預かって、必要とする企業に貸し出すことで、生産や消費をたすけるとともに、経済を円滑に動かすのに役立っているのです。

※1 売り手と買い手のあいだで結ばれる約束。

■ 間接金融

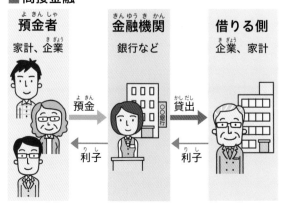

■ 直接金融

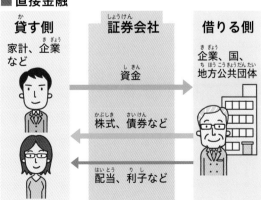

市場経済の仕組み

市場は交換によって成り立っている

モノの価格は、どうやって決まるの?

モノ（財やサービス）の価値を貨幣であらわしたものが価格（値段）です。この価格は、どのようにして決まるのでしょうか。

財やサービスの量にはかぎりがあって、手に入れにくさを希少性といいます。たとえば、ダイヤモンドをほしいと思う人は多くいますが、埋蔵量が少ないため、全員は所有できません。求めている量（需要）に対して、売ることができる量（供給）が不足している場合に、希少性が高いといいます。一般に、希少性が高いものほど、価格は高くなります。

わたしたちの家計は、働いてえたお金を使って、企業が生産した商品を購入することで消費しています。企業は、商品の生産に必要な労働力を家計からえて、賃金を支払っています。このように、家計と企業は、生産と消費、労働力と賃金などをつうじて結びついています。

財やサービスの売買（売り買い）をするとき、価格に相当する貨幣をだして交換がおこなわれます。商品が売買される場のことを市場[1]といいます。商店も商品を売買する場ですが、市場は、もっと広く大きい場の全体のことをいいます。現代の経済では、あらゆる財やサービスが市場で自由に売買されていて、このような仕組みを市場経済といいます。商品の価格は、その希少性にもとづいて変化し、市場において決められます。

※1 市場は、商品売買の場の全体を漠然とあらわすときは「しじょう」と読む。特定の分野の商品を売買する場をあらわすときは「いちば」と読むこともある。
例：青果市場・青果市場

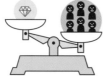

商品が少なく、買いたい人が多いと、価格は上がる。

商品が多く、買いたい人が少ないと、価格は下がる。

需要 と 供給 のバランスのとれた価格を知っておこう！

縦軸に価格、横軸に数量をあらわした下の図をもとに商品の価格について考えてみましょう。

もし、商品を買う量（需要）よりも売る量（供給）が少なかったら、価格は上がります。高くても売れるので、企業は利益を求めて高い価格をつけるからです。そこで、企業は、もっと利益をだそうとして生産量をふやします。すると、供給量が需要量を上まわって、価格を下げないと売れなくなります。一方、もともと価格が高すぎる場合は、消費者は購入をひかえて商品があまりがちになり、価格を下げないと売れなくなります。

需要は、「その価格なら買ってもいいよ」と多くの人が思う量で、供給は、「その価格なら売ってもいいよ」と多くの人が思う量です。

トレーディングカードであれば、需要が供給を上まわっているレアカードは、買いたい人が多い状態で、一般に価格は上がります。逆に、供給が需要を上まわっているノーマルカードは、売りたい人が多い状態で、一般に価格は下がります。また、価格が上がると売りたい人は増加し、買いたい人は減少します。逆に、価格が下がると買いたい人は増加し、売りたい人は減少します。

市場では、しだいに需要量と供給量が一致していき、価格の変動はおさまります。この価格は、需要と供給のバランス※2がとれた状態で均衡価格といいます。また、市場経済において、バランスのとれた状態に価格がみちびかれる動きを市場メカニズムといいます。

※2 バランスも均衡も「つりあい」のこと。均衡価格は、つりあいのとれた価格ということ。

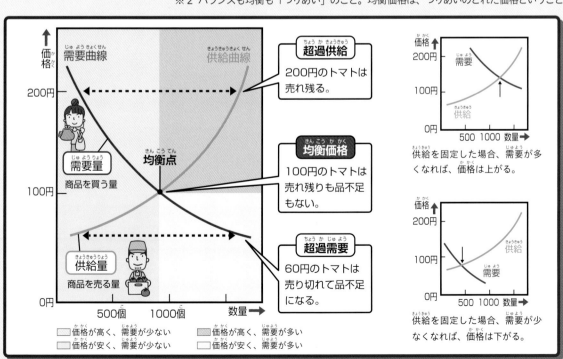

需要曲線　供給曲線

超過供給
200円のトマトは売れ残る。

均衡点

均衡価格
100円のトマトは売れ残りも品不足もない。

需要量
商品を買う量

供給量
商品を売る量

超過需要
60円のトマトは売り切れて品不足になる。

□ 価格が高く、需要が少ない　■ 価格が高く、需要が多い
□ 価格が安く、需要が少ない　□ 価格が安く、需要が多い

価格
200円　需要
100円　供給
0円　500　1000　数量

供給を固定した場合、需要が多くなれば、価格は上がる。

価格
200円
100円　供給
0円　500　1000　数量
需要

供給を固定した場合、需要が少なくなれば、価格は下がる。

価格の意味とはたらき

需要と供給の関係から価格が決まる必要がある

企業の適正な競争って、どういうこと？

市場経済においては、需要と供給の関係が反映されて価格が決まります。ただし、市場が正常に機能し、市場価格が適正であるためには、市場に自由に参加できて、企業間の競争が適正におこなわれる必要があります。

たとえば、数社の力のある企業が価格を話しあいによって決めてしまうと、競争がおこなわれないために、市場が正常に機能しなくなるかもしれません。

商品を供給する企業が1社だけの独占の状態にあって、その企業が一方的に決める価格を独占価格といいます。また、供給する企業が少数の寡占の状態にあって、それらの企業が相談して決める価格を寡占価格といいます。

そのような価格の決め方は市場の競争を疎外し、消費者は不当に高い価格で商品を買わされる可能性があります。そのため、市場の独占や不公正な取引は独占禁止法によって禁止されています。また、この法律にもとづいて、公正取引委員会が違法行為を取り締まり、市場の監視や指導をおこなっています。

商品の価格の内訳は？

消費者に販売する商品の価格（小売価格）を実際に決めるのは、商店などの小売店です。生産者から卸売業者、小売業者へと商品が流通し、消費者が購入するとき、その価格にどんな金額がふくまれているか、見てみましょう。

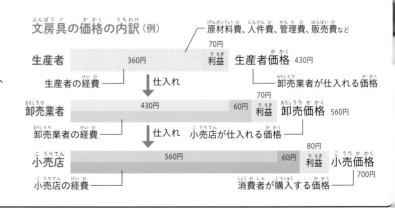

文房具の価格の内訳（例）

生産者	360円	70円 利益 — 原材料費、人件費、管理費、販売費など / 生産者価格 430円
	生産者の経費 ← 仕入れ	卸売業者が仕入れる価格
卸売業者	430円	70円 60円 利益 / 卸売価格 560円
	卸売業者の経費 ← 仕入れ	小売店が仕入れる価格
小売店	560円	80円 60円 利益 / 小売価格 700円
	小売店の経費	消費者が購入する価格

公共料金の価格は、どう決められているの?

価格のなかには、市場の需要と供給の関係で決めるべきでないものもあります。

たとえば、電気・ガス・水道などは日常生活に不可欠なので、その価格（料金）を市場の仕組みにゆだねて変動させるのはのぞましくありません。そのため、このような価格は、公共料金として国や地方公共団体が管理し、決定や認可をしています。

電気・ガス・水道については、特定の地域を1つの企業が市場を独占する地域独占になっています。ただし、電気とガスについては小売が自由化されたため、市場での競争が見られます。水道については、水道事業のみの民間運営が可能になりましたが、一部の地方公共団体での導入にとどまっています。

国が決定する	社会保険診療報酬、介護報酬など
国が認可、上限認可する	電気料金、鉄道運賃、都市ガス料金、バス運賃、高速自動車国道料金、タクシー運賃など
国に届け出る	固定電話の通話料金、国内航空運賃、郵便料金（手紙・はがき）など
地方公共団体が決定する	水道料金、公立学校授業料、公衆浴場入場料など

さまざまな価格を知っておこう!

この本の裏表紙に「定価（本体3,000円＋税）」と印刷されています。定価は、さだめられた価格という意味で、その金額以外では販売できません。一般に、商品の価格は市場の競争で決められるべきですが、本や新聞、たばこなど、一部の商品では定価がみとめられています。

メーカー（製造業者）のなかには、商品に希望小売価格を設定しているところがあります。これは販売価格を強制するものではなく、いくらで売ってほしいという希望にすぎません。小売店は、希望小売価格を参考にして、販売価格を決めます。

それに対し、メーカーが価格を設定せず、小売店が自由に販売価格を決めて販売できるオープン価格の商品もあります。これは、カメラやパソコン、食品などに採用されています。

また、需要と供給に応じて価格を変動させる仕組みをダイナミックプライシングといいます。変動価格制ともよばれ、季節や曜日、時間帯などによって変化する需要にあわせて価格を変動させることです。ホテルや飛行機、遊園地などは、季節や曜日によって利用者数が大きくかわるため、混雑するときは価格を高く、すいているときは低く設定します。これにより、利用者数や施設の稼働率、売上高などを平均化できる利点があります。

考えよう! 調べよう!

✅ トマトやキャベツが豊作だった場合、価格がどう変化するか考えてみよう!

✅ スーパーやコンビニで、同じ商品の価格のちがいを調べてみよう!

生産活動と企業の種類

さまざまなモノは企業が生産している

生産活動に必要な要素とは?

商品（財やサービス）の多くは、企業の生産活動によってつくりだされています。企業の目的は、利益（利潤）[※1]をできるだけ大きくすることにあり、土地・資本・労働力という3つの生産要素が必要です。

「土地」は、工場や店を建てるための土地、耕作のための農地などで、「資本」は、資金のほか、生産にもちいるための工場、機械、道具、原材料などです。そして、「労働力」は、実際に働く作業員や販売員などです。企業は、これらの生産要素を組み合わせて、労働をつうじて協力しあうことで生産活動をつづけています。

企業は、生産した商品を販売して収入をえています。ただし、収入がすべて利益になるというわけではありません。収入から、原材料の購入費や土地・設備などにかかった費用、労働者に支払った賃金などの経費を差し引き、残った金額が利益になります。この利益は、つぎの生産活動の資金にあてられます。

このように、企業が資本を使い、利益を目的として生産活動をおこなう経済の仕組みを資本主義経済といいます。企業は、利益を追求するために、消費者をひきつける商品を生産して売上をのばす一方、生産にかかる経費をできるだけおさえようとします。資本主義経済のもとでは、競争をつうじて効率的な生産がおこなわれ、革新的な技術がうまれています。

※1 利益と利潤は同じ意味で、収入から費用を差し引いた金銭的な「もうけ」のこと。ただし、利益は、「公共の利益」というように、役に立つという意味をもつこともある。

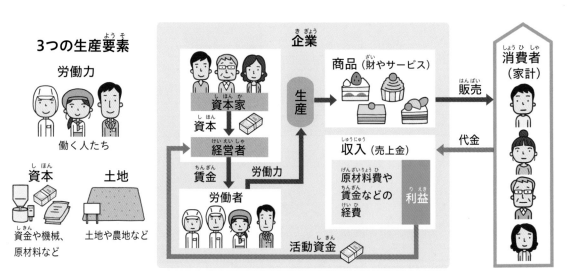

3つの生産要素
労働力　働く人たち
資本　資金や機械、原材料など
土地　土地や農地など

企業
資本家　資本　経営者　賃金　労働力　労働者
生産　商品（財やサービス）
収入（売上金）　原材料費や賃金などの経費　利益
活動資金

消費者（家計）
販売　代金

パパは
会社員なんだ

どんな企業？

企業・法人・会社の ちがいを知っておこう！

ここまで、生産をおこなう組織として「企業」の活動を紹介してきました。これに近い言葉に「法人」や「会社」などがあります。右の図を確認しながら、ちがいを見ていきましょう。

企業の範囲は広く、公企業と私企業にわけられます。私企業はおもに利益をあげることを目的に、公企業は住民や社会に役立つことを目的に活動しています。

公企業は、国や地方公共団体などの公的な組織が出資したり、経営したりしています。公企業には、市営バスや水道事業をいとなむ企業のほか、日本の紙幣を印刷している国立印刷局や、硬貨を製造している造幣局などがあります。

私企業は、公的でない民間が経営していて、民間企業ともいいます。たんに企業といった場合、一般には私企業をさします。私企業は、個人企業と法人企業にわけられます。

個人で事業をいとなんでいるものを個人企業といい、青果店や飲食店などの個人商店や、農家、タレント、まんが家などがふくまれます。個人で動画配信サービスなどのネットビジネスをいとなんでいる人もいます。

法人企業は個人企業以外の企業で、営利を目的とするかどうかで分類されます。一般に会社といった場合は、営利法人である会社企業をさします。会社企業は株式会社や有限会社※2、合資会社など5種類あって、生産活動で、とくに多くの商品をうみだしているのは株式会社です。また、名前がよく知られている企業の多くは株式会社です。

法人企業のなかには、非営利法人である一般社団法人や学校法人、NPO法人などがふくまれます。私立の学校や学習塾、病院、神社、寺院などを運営する団体は、利益を目的としない非営利法人です。

企業

公企業

地方公営企業
●市営バス ●水道事業 ●公営住宅 など

独立行政法人
●国立印刷局 ●造幣局 ●国立公文書館 ●国際協力機構 ●統計センター など

特殊法人	国営企業
●NHK など	現在は該当なし

私企業

個人企業
●個人商店 ●農家 ●タレント など

法人企業

［ 営利法人 ］	［ 非営利法人 ］
会社企業	**一般法人**
●株式会社　●有限会社	●一般社団法人
●合名会社　●合同会社	●一般財団法人
●合資会社	
	その他の法人
［ 中間法人 ］	●学校法人　●医療法人
●協同組合　●相互会社	●NPO法人　●宗教法人
など	など

公私合同企業

●NTT　●JT　●日本銀行　●日本赤十字社 など

※2　2006年5月の会社法の施行により、以降は有限会社を新しく設立できなくなった。現在の有限会社は、それより前に設立されていたもの。

企業の規模と産業・業種

日本の産業は中小企業がささえている

大企業と中小企業のちがいは?

中小企業の定義

業種分類	資本金・従業員数
製造業その他	3億円以下または300人以下
卸売業	1億円以下または100人以下
小売業	5000万円以下または50人以下
サービス業	5000万円以下または100人以下

企業の数

法人企業	会社企業	約178万社
	その他法人	約28万社
個人企業		約161万社
合計		約367万社

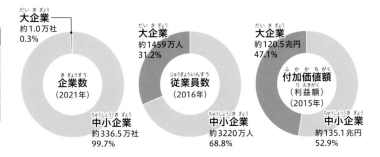

企業数（2021年）
大企業 約1.0万社 0.3%
中小企業 約336.5万社 99.7%

従業員数（2016年）
大企業 約1459万人 31.2%
中小企業 約3220万人 68.8%

付加価値額（利益額）（2015年）
大企業 約120.5兆円 47.1%
中小企業 約135.1兆円 52.9%

会社企業の従業員規模の割合

「令和3年・経済センサス 活動調査」（総務省・経済産業省）による

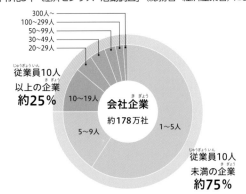

300人〜
100〜299人
50〜99人
30〜49人
20〜29人
10〜19人
5〜9人
1〜5人

従業員10人以上の企業 約25%
会社企業 約178万社
従業員10人未満の企業 約75%

日本の企業は、資本金※1の大きさと従業員の人数によって、大企業と中小企業にわけられます。中小企業は法律で定義されていて、それ以外の企業が大企業です。

中小企業は、企業全体の99.7％以上をしめますが、従業員数は約7割、利益は約5割にとどまります。つまり、1％にみたない大企業は、豊富な資源や人材を背景にして大量生産と大量販売をおこない、効率的な経営によって大きな利益をあげているのです。

中小企業は、規模こそ小さいものの、高い技術力を発揮し、製造業においては、大企業の下請けとして製品の部品製造などを手がけているほか、独自に商品を開発・販売しています。ほかに卸売業、小売業、飲食業でも中小企業が多く見られます。

日本には、約367万社の企業があり、そのうち、法人企業は約206万社で、個人企業は約161万社です。また、法人企業のうち、従業員数が10人未満は約75％で、規模の小さい企業が非常に多いことがわかります。中小企業のうち、長年にわたり事業をつづけてきたところでは経営者の高齢化が見られ、後継者不足や資金不足などの問題をかかえています。

※1 事業を運営するための元手となる資金のこと。株式会社の場合は、経営者の自己資金や出資者から集めた資金があてられる。

パパの会社は
銀行なんだ

お金持ちの
会社なの？

事業をあらわす言葉 を 知っておこう！

ここまで「産業」や「業種」という言葉を使ってきました。これらの言葉について、かんたんに説明しましょう。

産業は生産する活動をあらわす言葉で、比較的広い意味で使われます。

業種は、事業の種類のことで、表1の大分類や中分類でわけられるのが一般的です。たとえば、都市銀行やネット銀行は、大分類の金融・保険業ということもあれば、中分類の銀行業ということもあります。

業種に近い言葉に業界があります。業界は事業やサービスをまとめてあらわす言葉で、表2がその例です。

ただし、これらの言葉は、明確に使いわけられているわけではありません。たとえば、コンビニの事業について話すときには、商業、小売業、コンビニ業界のいずれでも表現し、もっと広くとらえて流通業、流通業界などということもあります。また、コンビニ産業や小売業者、小売店などにもふくまれます。

【表1】業種の分類（証券コード協議会による）

大分類	中分類
水産・農林業	水産・農林業
鉱業	鉱業
建設業	建設業
製造業	食料品／繊維製品／パルプ・紙／化学／医薬品／石油・石炭製品／ゴム製品／ガラス・土石製品／鉄鋼／非鉄金属／金属製品／機械／電気機器／輸送用機器／精密機器／その他製品
電気・ガス業	電気・ガス業
運輸・情報通信業	陸運業／海運業／空運業／倉庫・運輸関連業／情報・通信業
商業	卸売業／小売業
金融・保険業	銀行業／証券、商品先物取引業／保険業／その他金融業
不動産業	不動産業
サービス業	サービス業

【表2】業界と業種の分類（例）

業界	業種
メーカー	食品・農林・水産／建設・住宅・インテリア／繊維・化学・薬品・化粧品／鉄鋼・金属・鉱業／機械・プラント／電子・電気機器／自動車・輸送用機器／精密・医療機器／印刷・事務機器関連／スポーツ・玩具／その他メーカー
商社	総合商社／専門商社
小売	百貨店・スーパー／コンビニ／専門店
金融	銀行・証券／クレジット／信販・リース／その他金融／生保・損保
サービス・インフラ	不動産／鉄道・航空・運輸・物流／電力・ガス・エネルギー／フードサービス／ホテル・旅行／医療・福祉／アミューズメント・レジャー／コンサルティング・調査／人材サービス／教育／その他サービス
ソフトウエア	ソフトウエア／インターネット／通信
広告・出版・マスコミ	放送／新聞／出版／広告
官公庁・公社・団体	公社・団体／官公庁

起業（きぎょう）することの意味を
知っておこう！

会社は、資金（しきん）や設備（せつび）を使い、人が働くことで生産活動をおこなっています。働くというと、企業（きぎょう）にやとわれるのが一般的（いっぱんてき）ですが、自分がつくった店や事務所（じむしょ）などで働く方法もあります。新しく事業をおこすことを起業（きぎょう）といいます。

情報通信技術（じょうほうつうしんぎじゅつ）（ICT）が発達した現在（げんざい）、革新（かくしん）的なアイデアによって新しい企業（きぎょう）がつぎつぎにうまれています。独自（どくじ）のアイデアや技術（ぎじゅつ）によって新しいサービスやビジネスに取り組むことをベンチャー※1といい、そのような事業に取り組んでいる企業（きぎょう）をベンチャー企業（きぎょう）※2といいます。

ベンチャー企業（きぎょう）は、経済（けいざい）を活性化（かっせいか）させたり、産業（さんぎょう）を発展（はってん）させたりすることが期待されています。もとはベンチャー企業（きぎょう）でも、大成功をおさめて世界的に有名になった企業（きぎょう）はたくさんあります。しかし、一方で、ベンチャー企業（きぎょう）は倒産（とうさん）する割合（わりあい）が高いともいわれます。

※1　冒険（ぼうけん）を意味する言葉。
※2　スタートアップ企業（きぎょう）とよぶこともあるが、ベンチャー企業（きぎょう）よりも革新性（かくしんせい）・成長性（せいちょうせい）が高いビジネスとして区別することもある。

事業が成功するアイデアは？　あなたは新しく事業をはじめようとしています。STEP1（ステップ）から1つを選び、事業がうまくいく方法を考えていきましょう。

STEP1（ステップ）　どの店をやりたい？

① コンビニ　　② 花屋　　③ パン屋

STEP2（ステップ）　必要な資金（しきん）はいくら？

[　　　　　　　　　　　万円]

STEP3（ステップ）　どうやって資金（しきん）を集める？

保護者（ほごしゃ）から借りる、数人の友だちと出資（しゅっし）しあう、株式（かぶしき）を発行する、クラウドファンディングで集めるなど、なるべく具体的に考える。

STEP4（ステップ）　どんな店にしたい？

店舗（てんぽ）のデザインや商品の配置、商品に対する考え、経営者（けいえいしゃ）としての理念（りねん）など、なるべく具体的に考える。

STEP5（ステップ）　1日の売上目標は？

客（　　　）人×（　　　　）円＝（　　　　　）円

STEP6（ステップ）　どうやって宣伝（せんでん）する？

広告（こうこく）をだす、ホームページを作成する、SNSを活用する、チラシを配る、店の前で通行人に声をかけるなど、なるべく具体的に考える。

STEP7（ステップ）　成功したらどうする？

社員をふやす、支店をだす、全国にチェーン展開（てんかい）する、株式（かぶしき）を公開して上場（じょうじょう）する、海外に進出する、別の事業をはじめる、利益（りえき）を慈善団体（じぜんだんたい）に寄付する、社会の役に立つことをはじめるなど、なるべく具体的に考える。

第2章
金融機関の役割、株式会社の仕組み

金融機関の役割

金融の中心は銀行が担っている

現金も預金も通貨なの？

金融は、お金を必要とする企業や家計と、お金を大量にもっている金融機関とのあいだで、お金の貸し借りをして融通しあう仕組みです。金融機関には、銀行、信用金庫、証券会社、保険会社など、さまざまな種類があり、このうち、もっとも身近なものは銀行でしょう。銀行には、実店舗をもたないネット銀行（インターネット専業銀行）もあります。

わたしたちは、買い物をするときに、商品（財やサービス）とお金（通貨）を交換します。その際、紙幣や硬貨といった現金通貨を相手に手わたす現金決済をしますが、現在では、キャッシュレス決済※1が普及し、実物のお金を使うことはへってきています。

クレジットカードやプリペイドカード、電子マネーなどによるキャッシュレス決済では、銀行口座に預けている預金から支払いがおこなわれます。しかし、自分の銀行口座の紙幣や硬貨が、相手の銀行口座に移動しているわけではありません。自分の預金額が減少し、相手の預金額が増加しますが、実際には、コンピューターの数字のデータが書きかえられているだけです。

銀行の預金は預金通貨とよばれ、通貨の一種としてあつかわれます。現在の企業同士の取引は、ほとんどが預金通貨によっておこなわれています。

※1 キャッシュは現金、レスは少なくすること、決済は売買を終了させること。キャッシュレス決済は現金を使わない支払い手段のことで、電子決済などともよばれる。

現金決済

1万円をおあずかりします

キャッシュレス決済

○○ペイですね

日本の金融機関の種類

中央銀行	日本銀行	
民間金融機関	預金取扱金融機関	普通銀行（都市銀行、地方銀行、ネット銀行）、信託銀行、信用金庫、信用組合、労働金庫、農業協同組合、漁業協同組合、農林中央金庫など	間接金融
	その他の金融機関	生命保険会社、損害保険会社、消費者金融機関（ノンバンク）など	
		証券会社	直接金融
政府関係金融機関		日本政策金融公庫、国際協力銀行、沖縄振興開発金融公庫、日本政策投資銀行、商工組合中央金庫	

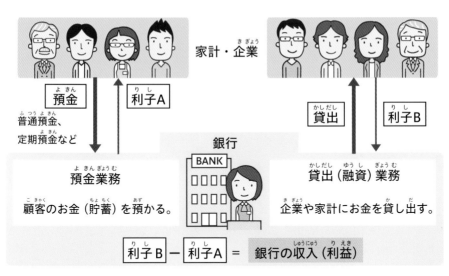

銀行の役割とは？ ❶預金と貸出（融資）

家計・企業

預金 利子A

普通預金、
定期預金など

貸出 利子B

銀行

BANK

預金業務

顧客のお金（貯蓄）を預かる。

貸出（融資）業務

企業や家計にお金を貸し出す。

利子B － 利子A ＝ 銀行の収入（利益）

　家計の消費活動で残ったお金は貯蓄になります。銀行の役割としてとくに重要なのは、その貯蓄を預金として集め、企業や家計などに貸し出すことです。

　預金は、お金を銀行に預け入れることです。お金がふえたからといって、家に保管しておくのは心配です。その点、銀行にお金を預けておけば安全に保管してくれます。

　預金は、銀行にとっては、事業に利用できる資金ともいえます。そのため、預金者が預けたお金（元本※2）を保証するとともに、預金者に対して、一定期間ごとに利子（利息※3）を支払う必要があります。

　銀行は、少額のお金を多くの預金者から集め、大きな金額にして、企業や家計に貸し出しています。このように、お金を必要としている者に貸して資金を融通することを融資といいます。

　融資は、受けた側にとっては借金です。そのため、銀行から融資を受ける場合、期限内にお金を返済するだけでなく、一定期間ごとに利子を支払う必要があります。

　預金や融資の金額（元金※2）に対する利子の比率を金利※4といいます。一般に、銀行が融資先から受け取るときの金利は、預金者に支払うときの金利よりも高く設定されています。そのため、銀行が受け取る利子は、支払う利子よりも多くなり、その差額が銀行の収入（利益）になります。

※2　元本と元金は、もとのお金のこと。
※3　利子と利息は同じ意味だが、支払うべきものを利子、受け取れるものを利息として使いわけることがある。
※4　利子率、利率などともいう。

考えよう！
調べよう！

✅ 現金通貨と預金通貨の利点と欠点を、それぞれ考えてみよう！

✅ 日本語の「銀行」と、英語の「Bank」の語源を調べてみよう！

銀行の役割とは？ ❷為替取引

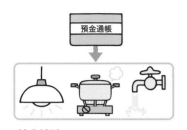

口座振替　電気・ガスなどの公共料金を銀行口座から引き落とす。

送金　はなれて住んでいる人にお金を送金する。

銀行振込　社員の給料や買い物の代金を銀行口座に振り込む。

現金の受けわたしを直接しない取引を為替取引といい、銀行振込や銀行口座からの引き落としによる決済、クレジットカードによる決済などで利用されています。遠方にいる取引相手でも、問題なくお金の送金などができます。

全国のほとんどの金融機関はコンピューターのネットワークでつながっているので、瞬時に取引が完了します。為替取引では、取引の際の手数料が銀行の収入になります。

国内でおこなわれる為替取引を内国為替といい、通貨が異なる国同士での為替取引を外国為替といいます。一般に為替といった場合は外国為替をさします。

為替取引の仕組み

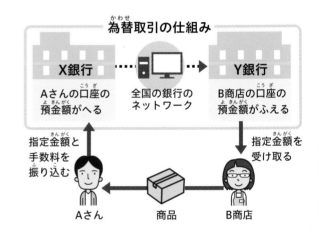

X銀行　Aさんの口座の預金額がへる

全国の銀行のネットワーク

Y銀行　B商店の口座の預金額がふえる

指定金額と手数料を振り込む

指定金額を受け取る

Aさん　商品　B商店

もしも銀行がつぶれたら？

銀行は、あらゆる産業のなかでも信頼性が高い業種といえますが、業績が悪化するなどして、経営破綻（倒産）をする可能性がないとはいえません。銀行がつぶれて、わたしたちの預金がうしなわれてしまってはこまります。

そこで、預金者の保護と信用を維持するために預金保険制度がもうけられています。銀行にお金を預けると自動的に保険がかけられ、銀行が倒産しても預金者に保険金が支払われて、実質的に預金が保護される仕組みです。これは預金保険法によってさだめられた制度で、政府・日本銀行・民間金融機関の出資で設立された預金保険機構が主体となって運営されています。

1つの金融機関について、預金者1人あたり、元本1000万円までとその利息に対し、預金保険機構から保険金が支払われます。対象となる預金は、普通預金や定期預金、定期積金などで、外貨預金や譲渡性預金など、対象外の預金もあります。

ATMの機能を知っておこう！

　金融機関に設置されている現金自動預払機、通常はATM※1とよばれる機械について説明しましょう。

　ATMは、銀行をはじめとする金融機関、駅、空港、役所、大学、スーパー、コンビニなどに設置されています。基本機能は「預入」「引出」「振込」「残高照会」「通帳記入」などです。機械によってはさまざまな機能があり、税金の支払いやカードローン、クレジットカードによるキャッシングなど、銀行の窓口でおこなわれる業務の多くのことができます。

預入	預貯金口座へ現金を預け入れる
引出	預貯金などを引き出す
振込	指定した口座へお金を振り込む
残高照会	預貯金残高などを照会する
通帳記入	未記入の取引の通帳記入をする、通帳を繰り越す

　機械の操作は、数字やアルファベットのボタンを押す、またはモニターにふれることでおこないます。お金の引き出しや為替取引にかかわる操作では、暗証番号の入力が必要です。機械によっては生体認証（指紋認証など）に対応しています。

銀行に設置されているATM。

※1　Automatic Teller Machineの略。ほかにはCD（現金自動支払機／Cash Dispenserの略）もある。一般にCDの機能はATMの機能にふくまれる。

ネット銀行の特徴を知っておこう！

　実際の店舗をほとんどもたず、インターネット上だけで取引をおこなう銀行をネット銀行（インターネット専業銀行）といいます。実店舗をもたないために費用が低くおさえられ、通常の銀行とはちがう利点があります。いくつか紹介しましょう。

　まず、預金した場合の金利が高いことです。そのため、店舗のある銀行よりも利息が多くもらえます。逆に、住宅ローンなどでお金を借りる場合の金利は低く設定されています。

　つぎに、各種の手数料が安いことです。コンビニのATMなどを利用する場合の手数料が安く、月数回まで無料のこともあります。

　また、すべての取引が、24時間・365日、インターネット上で完結することも利点です。パソコンだけでなく、スマートフォンやタブレットにも対応しているので、外出先や深夜でも、残高照会や送金などが可能です。

　ただし、通信トラブルがあった場合に送金ができないことや、取引のうえで問題や疑問が生じても、対面で相談ができないといった、ネット銀行ならではともいえる欠点もあります。

さまざまな金融機関

日本にはさまざまな金融機関がある

日本銀行

日本銀行の「日本」の読み方に明確な決まりはなく、「にほん」と「にっぽん」のどちらでもまちがいとはいえない。ただ、紙幣のうらに「NIPPON GINKO」と印刷されていることから、日本銀行では「にっぽん」と読んでいるという。

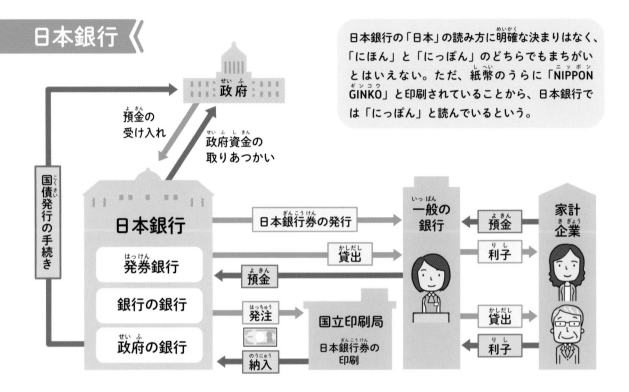

世界の国々には、一般の銀行とはちがう特別な役割をもつ中央銀行があります。日本の場合は日本銀行が中央銀行にあたり、省略して日銀とよばれています。

千円札や一万円札の紙幣を見ると、金額のほかに日本銀行券という文字が印刷されています。日本銀行券は、日本銀行だけに発行が許可されている紙幣です。そのため、日本銀行には「発券銀行」という役割があります。

日本銀行は、一般の銀行へのお金の貸出や、一般の銀行からのお金の預入をおこなっています。そのため、日本銀行には「銀行の銀行」とい

う役割があります。日本銀行に口座を開設できるのは、金融機関や日本政府、外国の中央銀行、国際機関などで、個人や一般企業は開設できません。

日本銀行には日本政府の口座があって、政府が管理する資金や税金などが預けられています。また、日本銀行は、経済の安定化をはかることを目的とするさまざまな金融政策※1もおこなっています。そのため、日本銀行には「政府の銀行」という役割があります。

※1 くわしくは、このシリーズの第2巻『金融の仕組みとリテラシー』で紹介。

普通銀行

普通銀行は、名前のとおり、わたしたちが普通に利用している銀行です。銀行法にもとづいて設立されている銀行で、営利を目的とした株式会社です。普通銀行には、都市銀行、地方銀行、第二地方銀行、ネット銀行があります。いずれも、**預金業務、貸出業務、為替業務**をおもな業務としています。

都市銀行（都銀）は、大都市に本店をおき、都道府県庁所在地や主要都市に支店をもつ銀行です。なかでも、三菱UFJ銀行、三井住友銀行、みずほ銀行の3行は、売上高や資産規模が巨大であるため、メガバンクまたは三大メガバンクともよばれます。平成元年以降、日本の銀行は、銀行同士の合併や銀行グループの再編などがくりかえされてきました。そのなかで、この3行は、いくつもの都市銀行や地方銀行を吸収し、しだいに巨大化していきました。右の表の「旧銀行名」は、現在の都市銀行のもとになった銀行です。

地方銀行（地銀）は、ほとんどの都道府県庁所在地に本店をおき、地域に広く支店をもうけている銀行です。地域経済に大きな影響力のある金融機関で、都道府県や主要都市の名前が銀行名になっていることが多いといえます。地域にしたしまれる地元の銀行として、口座を開設している人が多いでしょう。

第二地方銀行（第二地銀）は、かつて相互銀行とよばれていた銀行です。地方銀行よりも規模は小さいですが、業務内容にちがいはありません。

ネット銀行（インターネット専業銀行）は、インターネット銀行やネットバンクともよばれる銀行です。実店舗をほとんどもたず、融資業務をおこなわないところなど、銀行によって特徴があります。新しいタイプの銀行ですが、預金量では地方銀行の上位にせまるところもあります。

普通銀行

- 都市銀行
- 地方銀行
- 第二地方銀行
- ネット銀行

都市銀行の分類

銀行名	グループ名	旧銀行名※2
三菱UFJ銀行	三菱UFJフィナンシャル・グループ（MUFG）	東京三菱銀行 / 三和銀行 / 東海銀行
三井住友銀行	三井住友フィナンシャルグループ（SMFG）	三井銀行 / 太陽神戸銀行 / 住友銀行
みずほ銀行	みずほフィナンシャルグループ（MHFG）	第一勧業銀行 / 富士銀行 / 日本興業銀行
りそな銀行 埼玉りそな銀行	りそなグループ	大和銀行 / あさひ銀行

※2 途中で別の銀行名に変更している場合もある。

考えよう！ 調べよう！

- 金融機関のなかで、日本銀行がどういう立場にあるか考えてみよう！
- 家族や自分の銀行通帳やキャッシュカードを見て、どの銀行に分類されるか調べてみよう！

ゆうちょ銀行

ゆうちょ銀行は、日本郵政グループの銀行事業を担当する銀行です。日本郵政グループは、日本政府（郵政省）がおこなっていた郵政3事業を解体して民営にする政策「郵政民営化」によって、2007年にうまれました。銀行事業を担当するゆうちょ銀行、郵便事業と郵便局の運営を担当する日本郵便、生命保険事業を担当するかんぽ生命保険という3社と、これらの持ち株会社[1]である日本郵政、あわせて4社の株式会社で構成されています。

郵便局は、ゆうちょ銀行、日本郵便、かんぽ生命保険から委託を受けて窓口業務をおこなっています。そのため、ゆうちょ銀行にお金を預けたり、引き出したりするときには、郵便局のATMを操作するか、窓口で依頼をします。

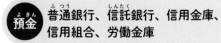

預金　普通銀行、信託銀行、信用金庫、信用組合、労働金庫

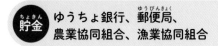

貯金　ゆうちょ銀行、郵便局、農業協同組合、漁業協同組合

一般の銀行にお金を預けることを預金といいますが、郵便局では貯金といいます。預金と貯金をまとめてあらわすときには預貯金といいます。預金と貯金にちがいはありませんが、金融機関によってどちらかを使っています。郵便局は全国各地にあって身近であるため、ゆうちょ銀行は、日本の金融機関としては最大級の預貯金残高をほこります。

※1　他社である株式会社を支配する目的で、その会社の株式を保有する会社。

預貯金の2つのタイプ

預貯金は、お金を預ける期間によって、大きく2つのタイプにわけられます。流動性預貯金は、期間のさだめがなく、出し入れが自由にできるタイプです。預入期間のさだめがあるタイプは定期性預貯金といいます。

自由度の高い流動性預貯金は、日常の生活資金を預けるのにむいています。預貯金のなかでは、もっとも低い金利です。定期性預貯金は、すぐに使わない資金を預けるのにむいています。自由度が低いぶん、金利が高めに設定されています。

タイプ	流動性預貯金	定期性預貯金
特徴	預入期間にさだめがなく、いつでも自由に引き出せる。	預入期間に、1か月、3か月、6か月、1年、2年などのさだめがある。原則として、期間が満了するまで引き出せない。
預貯金名	普通預金、当座預金、通知預金など	定期預金、積立定期預金、定期積金など

信託銀行

　預金・貸出・為替業務といった普通銀行がおこなう銀行業務にくわえて、信託業務と併営業務をおこなうのが信託銀行です。信託とは、信用して委託することで、信託銀行は、お客さん（委託者）の財産（信託財産）を預かり、運用・管理するための金融機関です。

　信託業務は、お金や有価証券（株式など）、不動産などを預かって管理・運用することです。併営業務は、不動産の売買や仲介、株主の管理などの証券代行、遺言の管理や執行などの相続関連の業務です。

　信託銀行を普通銀行のように利用することはできますが、店舗数が少ないので、銀行業務を求めるなら、あまり便利とはいえません。

※お客さんである委託者と、利益を受け取る受益者が同一人物になることもある。

農林漁業金融機関

　「JAバンク」は、農業協同組合（JA）や農林中央金庫などの金融事業の総称です。農業協同組合は、一般に農協とよばれる非営利の協同組織で、おもに組合員である農業者の生産力を高め、経済的な地位向上などを目的としています。JAバンクは全国に支店があって、組合員でなくても口座を開設でき、窓口やATMが利用できます。

　「JFマリンバンク」は、漁業協同組合（JF）や農林中央金庫などの金融事業の総称です。漁業協同組合は、一般に漁協とよばれる非営利の協同組織で、おもに組合員である漁民や水産加工業者の生産力を高め、経済的な地位向上などを目的としています。JFマリンバンクの支店はJAバンクほど多くはありませんが、組合員でなくても口座を開設でき、窓口やATMが利用できます。

　JAバンクとJFマリンバンクは、ともに普通銀行と同じように利用でき、ネットバンクの機能も充実しています。また、ATM利用料[2]は、全国どこでも終日無料で、土日も無料で利用できます。

※2　コンビニなどのATMでは有料の場合もある。

中小企業専門の金融機関

都市銀行

> ご融資は
> むずかしそうで…

> まかせて
> ください!

信用組合

中小企業がおもに取引をしている金融機関として、信用金庫、信用組合、労働金庫、商工組合中央金庫（商工中金）などがあります。

いずれも中小企業や小規模事業者をおもな対象とする金融機関で、非営利法人や公的機関の性質をもっています。都市銀行や地方銀行ほどの資金力はありませんが、対象地域や会員・組合員のために、地域に根ざした運営をおこなっています。

中小企業は、都市銀行や地方銀行との取引もありますが、規模の小さい企業ほど、中小企業専門の金融機関を利用する比率が高くなっています。家族経営などの規模の小さい企業は、都市銀行などから融資を受けられない場合がありますが、中小企業を対象とする金融機関であれば、受けられることもあります。

信用金庫	会員の出資による協同組織の非営利法人。事業区域の中小企業者や個人が対象。
信用組合	組合員の出資による協同組織の非営利法人。事業区域の中小企業者、小規模事業者、住民、勤労者が対象。
労働金庫	会員（労働組合など）の出資による協同組織の非営利法人。労働組合の勤労者が対象。

商工組合中央金庫（商工中金）

政府と民間（中小企業の協同組合など）の共同出資による株式会社で、公的金融機関の役割がある。中小企業に対する安定的な事業資金の提供や預金の受け入れが主要業務。

企業とつながるメインバンク

右のグラフは、企業の売上の大きさによって、どのような金融機関をメインバンクとして利用しているかをあらわしています。メインバンクとは、企業の主力銀行のことで、通常は給与や公共料金などの振り込みで利用し、運転資金が不足したときには融資を受けるなど、その企業と強いつながりがあります。

このグラフからは、売上規模が大きい企業

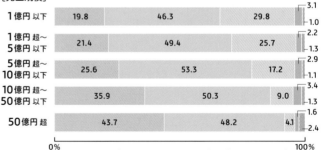

凡例：都市銀行　地方銀行・第二地方銀行　信用金庫・信用組合　政府系金融機関　その他

[売上規模]

売上規模	都市銀行	地方銀行・第二地方銀行	信用金庫・信用組合	政府系金融機関	その他
1億円以下	19.8	46.3	29.8	3.1	1.0
1億円超～5億円以下	21.4	49.4	25.7	2.2	1.3
5億円超～10億円以下	25.6	53.3	17.2	2.9	1.1
10億円超～50億円以下	35.9	50.3	9.0	3.4	1.3
50億円超	43.7	48.2	4.1	1.6	2.4

（調査：2015年12月／みずほ総合研究所）

ほど都市銀行をメインバンクにしている比率が高く、小さい企業ほど信用金庫・信用組合をメインバンクにしている比率が高いことがわかります。

生命保険会社、損害保険会社

保険には、国や地方公共団体が運営する強制加入の公的保険と、民間企業が運営する任意加入の民間保険があります。どちらも保険の考え方自体には大きなちがいはありません。ここでは民間保険を紹介し、公的保険については、このシリーズの第2巻『金融の仕組みとリテラシー』で紹介します。

保険とは、健康や財産などへのトラブルに対処するために、あらかじめそなえておく制度です。保険の加入者は、保険会社に保険料を支払い、損害などがあったときには、その保障（補償※1）にあてるために、保険会社から保険金が支払われます。保険の仕組みは相互扶助という言葉で表現されます。相互はおたがいということで、扶助はたすけることです。万が一のリスクにそなえて、おたがいにお金を出しあい、みんなでたすけあう仕組みが保険なのです。

保険を専門とする企業には生命保険会社、損害保険会社があり、保険には生命保険、損害保険、第三の保険の3種類があります。

生命保険（生保）は、人の健康や生死にかかわるトラブルにそなえる保険で、生命保険会社があつかいます。この保険は、病気やけが、それによる入院、死亡などがあったときの経済的なサポートになります。子どもの学費のための学資保険や、老後の生活費のための個人年金保険などは貯蓄性をそなえた保険です。

損害保険（損保）は、事故や災害による自動車や建物などの物体へのトラブルにそなえる保険で、損害保険会社があつかいます。火災や風水害にそなえる火災保険、地震にそなえる地震保険、自動車事故にそなえる自動車保険などがあります。

第三の保険は、生命保険会社と損害保険会社があつかう保険で、医療保険やがん保険、介護保険などがあります。

※1 生命保険では権利や立場を保護する意味で「保障」といい、損害保険では損害をつぐなう意味で「補償」という。

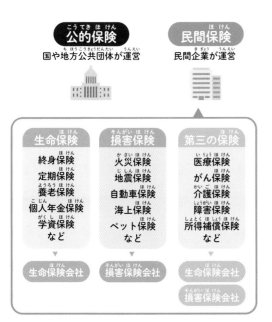

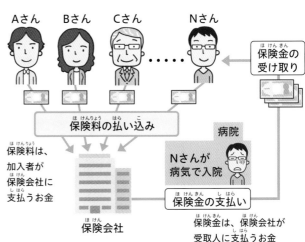

多くの加入者が保険料を支払うことで、Nさんは、受け取った保険金で入院などの費用をまかなうことができる。

証券会社

証券会社は直接金融を担う機関として、おもに4つの業務をおこなっています。

ブローカー業務は、投資家の買いたい注文と売りたい注文を引き受け、株式の売買を成立させる仕事です。これは証券会社の主力となる業務で、手数料が大きな収入源になります。また、証券会社は、自社の資金で株式などを売買するディーリング業務によって利益をえています。

アンダーライティング業務は、企業が資金調達などのために株式を発行するときに、証券会社が株式を買い取って投資家に販売する仕事です。株式を発行する企業が投資家に販売するのは困難であるため、証券会社が仲介して販売し、資金調達の手助けをします。また、別の証券会社などから株式を一時的に預かり、投資家に販売する仕事をセリング業務といいます。

> 証券取引や株式投資での証券会社のかかわり方については、p44以降で紹介しています。

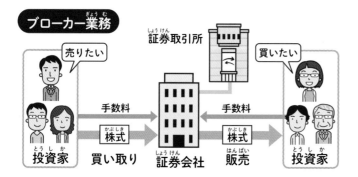

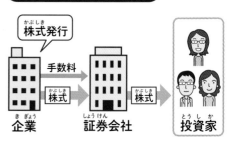

政府関係金融機関

政府関係金融機関には右の5つがあります。政策金融機関ともよばれ、政策に連動した融資や、中小企業の事業の支援、特定の地域の開発支援などを中心に運営されています。いずれも特別な法律によって設立された金融機関で、資金のすべて、または大部分を政府が出資しています。営利目的ではなく、公共の利益のために設置されたもので、特定の企業やグループに属さずに、中立的な立場から日本の社会や経済に金融面で貢献しています。

銀行名	主務大臣
日本政策金融公庫	財務大臣、厚生労働大臣、農林水産大臣、経済産業大臣、国土交通大臣、内閣総理大臣
日本政策投資銀行	財務大臣
国際協力銀行	財務大臣
沖縄振興開発金融公庫	財務大臣、内閣総理大臣
商工組合中央金庫（商工中金）	財務大臣、内閣総理大臣、経済産業大臣

※沖縄振興開発金融公庫は特殊法人、ほかは株式会社になっている。商工組合中央金庫はp36でも紹介している。

ノンバンクは、銀行以外の金融機関を総称する言葉で、貸付（融資）業務はおこないますが、預金業務はおこないません。そこが銀行との大きなちがいです。ノンバンクは、金融機関からの借入金や投資家の株主からの出資金を元手として貸付をおこなうため、利用した場合の金利は銀行よりも高くなります。

クレジットカード会社は、クレジットカードを発行している企業です。契約者がクレジットカードで買い物をしたときには、会社が代金を一時的に立替払いし、あとで契約者からお金を支払ってもらいます。現金を貸し出すキャッシングの業務もおこなっています。

信販会社も立替払いをする企業ですが、クレジットカードの業務をおこなっているところも多くあります。リース会社は、顧客が希望したコピー機などを購入し、顧客に貸し付けている企業です。

消費者金融業者は、個人向けの貸付業務をおこなっている企業です。過去には高金利や過度の取り立てが問題になりましたが、今は、法律によって金利の上限がさだめられています。住宅金融専門会社は、おもに個人向けの住宅ローンをあつかいます。

小学生・中学生が銀行口座をつくるには？

銀行口座は、大人しか開設できないと思うかもしれませんが、小学生・中学生はもちろん、0歳の赤ちゃんでも銀行口座をもてます。実際に開設の手続きをするのは父・母などの親権者（法定代理人）になります。

銀行口座を開設するには、おもにつぎの書類が必要です。

- ●子どもの本人確認書類
- ●親権者の本人確認書類
- ●親権者であることがわかる書類
- ●届出印（銀行印）

銀行口座の開設に必要な書類（例）

未成年者（本人）	□ 口座開設用の印鑑 □ マイナンバーカード □ 住民票（発行後6か月以内） □ 健康保険証 など
父・母などの親権者（法定代理人）	□ マイナンバーカード □ 住民票（発行後6か月以内） □ 健康保険証 □ 運転免許証 □ 母子手帳 など

右上は、銀行の窓口で口座を開設する場合に必要な書類の例です。銀行によっては、必要な書類がちがうことがあるので確認してください。銀行の店舗にでかけず、ホームページから開設することもできます。その場合は、必要な書類を画像で送信します。

すでに口座を開設していても、管理を保護者などにまかせたままの人もいるかもしれません。金銭感覚を身につけるためにも、自分で銀行口座を管理するとよいでしょう。

株式会社の仕組み

株式会社は株式を発行して資金を調達する

経営者と社長、代表取締役のちがいは?

「社長」という名前には、「会社のえらい人」という印象をもっているかもしれません。それはほぼ正しく、一般に社長は、会社の最上位の役職です。会社を運営・経営しているのは取締役で、法律上、株式会社には1人以上をおくことになっています。通常は複数人の取締役がいて、大企業では10人以上をおいているところもあります。会社には社長、副社長、専務などの役職がありますが、これらはその会社の肩書や呼称であって、法律上は取締役です。株式会社において、経営や業務の執行にかかわるような重要なことがらは、取締役の集まりである取締役会で決められます。

また、社外に対し、株式会社を代表する責任者を代表取締役といい、会社の経営や業務を担当する最高責任者ともいえます。一般には、社長が代表取締役を兼任していることが多く、その場合は代表取締役社長とよばれます。ただし、副社長や専務取締役など、複数の役職に代表権をあたえている会社もあります。最高経営責任者を意味するCEO※1という役職や、代表取締役CEOをおいている会社もあります。

会社の経営は、新しい会社や小規模の会社であれば、創業者である社長やその家族の取締役がおこなっていることが少なくありません。社員や取引先の数がふえ、会社の規模が大きくなっていくと、有望な社員や外部の専門家などに経営をまかせることもあります。大企業では、経営手腕のすぐれた人を外部からまねいて社長やCEOにすえることもあります。

※1 Chief Executive Officerの略。

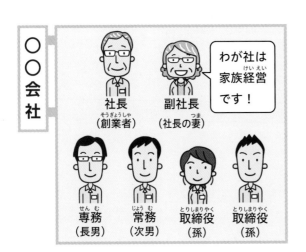

○○会社

社長
（創業者）

副社長
（社長の妻）

わが社は家族経営です！

専務
（長男）

常務
（次男）

取締役
（孫）

取締役
（孫）

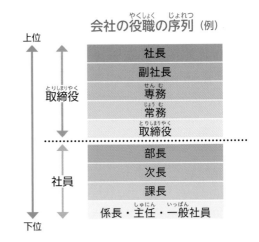

会社の役職の序列（例）

上位		
		社長
		副社長
	取締役	専務
		常務
		取締役
	社員	部長
		次長
		課長
下位		係長・主任・一般社員

株式会社の所有者って、だれなの？

営利を目的とする会社企業のなかでも、とくに数が多いのが株式会社です。

会社をつくるときには、元手となるお金が必要です。そのお金（資金）を出資金といい、提供した人を出資者といいます。その出資金を資本金にとりこんで、会社を設立します。株式会社の場合、出資者から資金を集める際に株式とよばれる証券を発行します。株式は、出資した人の権利や義務などを証明するもので、株式を保有している人を株主といいます。株主は、その企業の所有者と考えることができます。

法律上、資本金が1円でも株式会社の設立は可能ですが、それでは会社の業務がおこなえません。当初は経営者がみずから資金を用意して資本金にあてます。その場合、会社の所有者が経営者を兼任する形になります。

しかし、高度な技術や優秀な人材を求めたり、工場や支店を開設したりするときには多額の資金が必要になり、経営者だけでは十分な資金を準備できません。そういう場合には、株式を発行して多くの人たちからお金を集めることで、資金を準備します。

株式の発行は資金調達の手段であり、直接金融の一種です。株式会社は、株式を発行する方法によって資金を調達します。出資者1人あたりの金額は小さくても、多くの人から集めることで、全体では多額の資金を調達することができるのです。

経営者1人が100万円を準備して株式会社を設立

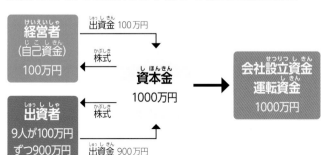
経営者1人が100万円、出資者9人が900万円を準備して株式会社を設立

株式の発行と株主

株式会社の株主には権利があたえられる

株主の権利と責任って、どういうこと？

出資金は、発行する株式の数で均等に分割されます。たとえば、資本金1000万円の会社が1000株の株式を発行するのであれば、その会社の1株は1万円になります。

ある会社の株式を5株もっていれば、株主には5株に相当する権利があたえられます。株主は、会社の重要な経営方針などを決定する株主総会に出席する権利をもち、5株に相当する議決権があります。また、会社があげた利益を分配するときには、配当金を受け取る権利なども5株に相当するだけあります。

出資金は、株式会社にとって返却する必要のないお金です。そのため、業績不振などによって会社が倒産した場合でも、株主の出資金はもどりません。また、株主には出資金の範囲の責任はありますが、それ以上の責任はありません。したがって、大きな借金を背負って会社が倒産した場合でも、株主はさらに追加出資して借金を返済する義務はありません。これを有限責任といいます。

株券
以前はこのような紙の株券が発行されていたが、現在は電子化されている。
（イメージ）

会社にお金が必要になったら？

会社の事業を拡大させるなど、多額の資金が必要となった場合は、外部から資金を調達します。おもな方法を紹介しましょう。

まず、出資による方法です。資本金を増加させることから増資ともいいます。新たに株式を発行しますが、借金ではないため、出資金を返却する必要はありません。

融資は、金融機関から資金を借り入れる方法です。これは借金なので、返済する義務があり、定期的に金利を支払う必要もあります。

近年は、クラウドファンディングによる資金調達もおこなわれています。これは事業やプロジェクトに賛同した人から、インターネットを介して資金の支援を受ける方法です。

出資	株式を発行し、出資者から資金を調達する。返却義務はない。
融資	金融機関からの借り入れで調達する。借入金の返済と金利の支払い義務がある。
クラウドファンディング	インターネットを介して、不特定多数から少額ずつ調達する。

株主と株式会社の関係は?

株式会社の意思決定機関には株主総会と取締役会があります。株主総会は株主、取締役会は取締役によって構成されています。

会社を経営し、日常の業務をすすめているのは取締役で、その最上位は代表取締役(社長など)です。代表取締役は、会社のトップともいえますが、会社の実質的な所有者は株主なので、株主総会は取締役会よりも上位に位置づけられます。そのため、株主総会は、代表取締役を解任することもできます。

株主には、株主総会に出席して議決に参加する権利があります。株式会社は取締役である経営者のもとで、社員が力をあわせ、利益を求めて業務を遂行します。そして、利益があった場合には、会社に残す部分をのぞき、一部を配当金として株主に分配します。この利益処分の方法については、株主総会での合意が必要になります。

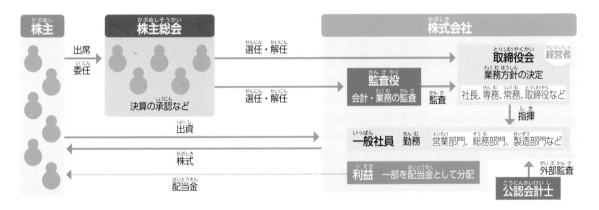

現代の会社に求められるものは?

ここまで、会社の実質的な所有者は株主であると説明してきました。法律上はそのとおりですが、「会社はだれのもの?」と問われたら、働いている社員のものだとこたえる人がいるかもしれません。お客さんがいなければ経営は成り立たないので、会社は顧客のものという考えもあるでしょう。現代の会社は、利益を追求するだけでなく、ステークホルダーへの十分な配慮が求められています。ステークホルダーとは利害関係者のことで、株主や社員、顧客、広告主、取引先、地域社会、行政機関などをさします。会社には、これらに配慮した経営が求められるのです。

また、CSR(企業の社会的責任)が求められることもあります。会社は、社会のなかの独立した存在ではなく、あらゆるステークホルダーとつながっているので、社会的責任をはたしていかなければいけません。周囲の環境や地域社会へ配慮することや、労働者の権利を守ることも必要です。CSRへの適切な対応は、長い目で見れば企業の価値の向上につながり、株主の利益にもなります。

株式市場と株式投資

株式会社の株式は投資対象になっている

株式は、どこで売買されているの?

株式会社は、多くの人から資金を集め、社会的な信用度や知名度を高めるなどの目的で、株式を公開して自由に売買できるようにすることがあります。証券取引所の審査基準をみたして上場がみとめられた上場会社（上場企業）の株式は、証券会社をつうじて証券取引所などの株式市場で売買されます。日本で株式の売買がされているおもな証券取引所は、東京証券取引所（東証）をはじめとして4か所あります。

よく知られているような大企業の多くは上場会社であるため、その株式は証券取引所で売買されます。中小企業は上場されていない非上場会社であるため、証券取引所で株式を売買することはできません。

日本の証券取引所

株式市場で株式を売買できる会社は2023年12月現在で約3800社ある。

- 札幌証券取引所
- 福岡証券取引所
- 東京証券取引所
- 名古屋証券取引所

株式投資は、どうやるの?

家計における貯蓄の方法の1つに、金融商品（株式や債権など）への投資があります。投資は、利益をみこんで積極的にお金を提供することで、株式への投資を株式投資といいます。また、投資を目的として金融商品を保有する人を投資家といいます。

株式投資をはじめるときは、証券会社の店頭かホームページで口座を開設します。証券会社は証券取引所の窓口のような存在で、投資家の売買の注文を証券取引所に伝える役割をはたしています。株式を買いたい場合には、証券会社に買い注文をだし、売りたい場合は売り注文をだします。投資家のすべての注文は、リアルタイムで証券取引所に伝えられ、コンピューターで処理されて売買が成立します。

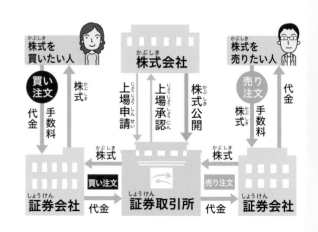

株式投資による利益とは？

株式市場における株式の価格を株価といい、銘柄[1]ごとに刻一刻と変化します。

投資の目的は利益をえることです。選んだ銘柄の株価が安いときに買い、高いときに売ることで利益になります。これを譲渡益（逆は譲渡損）といいます。株価は上下に変動するので、株式投資では利益をだす人もいれば、損失をだす人もいます。

銘柄によっては、指定された期日まで株式を保有していると配当金がもらえます。これは企業の業績によって増減することがあります。また、期日まで株式を保有していると株主優待がもらえる銘柄もあります。これは自社製品やサービスを株主に提供するもので、銘柄によって内容はちがいます。

一般に、売る人よりも買う人の多い銘柄の株価は上昇し、逆に買う人よりも売る人の多い銘柄の株価は下落します。株式は市場で取引されるので、需要と供給のバランスによって株価は上下に変動します。株価を変動させる要因の1つに業績があります。業績のよい銘柄は上昇しやすく、わるい銘柄は下落しやすい傾向があります。

ただし、業績だけで株価が予想できればいいのですが、政策や景気、災害、投資家の心理など、さまざまな要因で株価は変動しています。新商品発表のニュースだけで株価が急上昇することもあれば、不祥事や法令違反が発覚して大きく下落することもあります。下落すれば損失をまねきかねず、株式投資にはつねにリスクがともないます。

※1　株式などの有価証券の名称。

日経平均株価	Nikkei 225	
現在値 Current	c	35309.21
前日比 Change		8338/1.の)
始値 Open		315153.08
高値 High		315323.95
安値 Low		315061.66

日経平均株価……東証プライム市場に上場する225銘柄の株価の平均をもとにした指数。

（いずれも株価の平均）

現在値…現在の株価。
前日比…前日の株価の終値と現在の株価との比較。＋は値上がり、−は値下がり。
始値…その日の最初の株価。
高値…その日の最も高い株価。
安値…その日の最も安い株価。

株価はどう決まっているの？

株式の売買は、買い注文と売り注文の価格（値段）と数量が一致したときに成立します。これを約定といって、そのときの価格が株価になります。原則として、買い注文は価格の高いほう、売り注文は安いほうが優先されます。また、注文した時間の早いほうが優先され、同時であれば注文数の多いほうが優先されます。

株式の売買は証券会社の店頭でもおこなえますが、現在はインターネットを利用したオンライントレードが主流です。パソコンやスマートフォン、タブレットで取引ができ、どこにいても株式の売買が可能です。

売り注文	値段	買い注文
800	502	
3,000	501	
600	500	
	499	1,000
	498	200
	497	2,600

売り注文の株数／買い注文の株数

上の図で、500円で200株の買い注文があれば、500円で200株が約定し、その価格が株価になる。

さくいん

知っておきたい お金と経済〈全2巻〉

B5変型判／各48ページ
NDC338／図書館用堅牢製本

お金の役割と金融機関　　金融の仕組みとリテラシー

監修 泉 美智子（いずみ みちこ）

子どもの環境・経済教育研究室代表。全国各地で「女性のためのコーヒータイムの経済学」や「エシカル・キッズ・ラボ」「親子経済教室」など講演活動の傍らテレビ、ラジオ出演も。環境、経済絵本、児童書の執筆多数。

知っておきたい お金と経済
お金の役割と金融機関

2024年 2月 初版発行

監修　　泉 美智子
発行所　株式会社 金の星社
　　　　〒111-0056 東京都台東区小島 1-4-3
　　　　電話 03-3861-1861（代表）
　　　　FAX 03-3861-1507
　　　　振替 00100-0-64678
　　　　ホームページ　https://www.kinnohoshi.co.jp
印刷　　広研印刷 株式会社
製本　　株式会社 難波製本

編集　　ワン・ステップ
表紙・フォーマットデザイン
Kamigraph Design

イラスト　川下 隆
マンガ　　大井 知美
図版作成　中原 武士

NDC338 48p. 24.7cm ISBN978-4-323-06158-0
©Takashi Kawashita, Tomomi Ohi, Takeshi Nakahara, ONESTEP inc., 2024
Published by KIN-NO-HOSHI SHA, Tokyo, Japan.

乱丁落丁本は、ご面倒ですが、小社販売部宛てにご送付ください。
送料小社負担にてお取り替えいたします。

よりよい本づくりをめざして

お客様のご意見・ご感想をうかがいたく、読者アンケートにご協力ください。ご希望の方にはバースデーカードをお届けいたします。

アンケート
ご入力画面はこちら！

https://www.kinnohoshi.co.jp